LE BIENHEUREUX

J.-GABRIEL PERBOYRE

PRÊTRE DE LA CONGRÉGATION DE LA MISSION

ET MARTYR

PANÉGYRIQUE PRONONCÉ

DANS LA COLLÉGIALE D'ISSOUDUN, LE 16 OCTOBRE 1890

PAR LE P. VAUDON

Missionnaire du Sacré-Cœur

Quos prædestinavit conformes fieri imaginis filii sui.
Il est de la race de ceux que Dieu a prédestinés à la ressemblance de son Fils. (*Rom.*, VIII, 29.)

PARIS

RETAUX-BRAY, LIBRAIRE-ÉDITEUR

82, RUE BONAPARTE, 82

1890

LE BIENHEUREUX

JEAN-GABRIEL PERBOYRE

LE BIENHEUREUX JEAN-GABRIEL PERBOYRE
Admis dans la Congrégatión de la Mission en 1818.

LE BIENHEUREUX

J.-GABRIEL PERBOYRE

PRÊTRE DE LA CONGRÉGATION DE LA MISSION

ET MARTYR

PANÉGYRIQUE PRONONCÉ

DANS LA COLLÉGIALE D'ISSOUDUN, LE 16 OCTOBRE 1890

PAR LE P. VAUDON

Missionnaire du Sacré-Cœur

Quos prædestinavit conformes fieri imaginis filii sui.
Il est de la race de ceux que Dieu a prédestinés à la ressemblance de son Fils. (*Rom.*, VIII, 29.

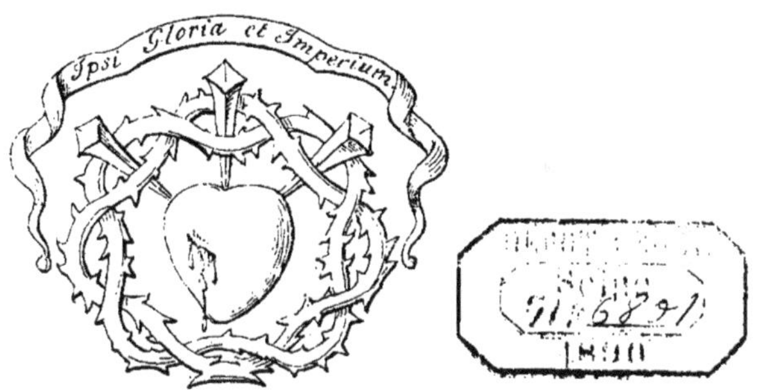

PARIS

RETAUX-BRAY, LIBRAIRE-ÉDITEUR

82, RUE BONAPARTE, 82

1890

L'ADORATION DE L'AGNEAU
Groupes des martyrs, tirés des fresques de H. Flandrin, à Paris.
Les martyrs, la palme de la victoire à la main, se dirigent vers le trône de l'Agneau et chantent en chœur : « L'Agneau qui a été mis à mort est digne de recevoir jouissance, divinité, sagesse, force, honneur, gloire et bénédiction. » (*Apocal.*, v, 12.)

LE BIENHEUREUX

JEAN-GABRIEL PERBOYRE

MES FRÈRES,

Un moraliste de notre temps a dit : « Il n'y a de beau que Dieu ; et, après Dieu, ce qu'il y a de plus beau, c'est l'âme ; et après l'âme, la pensée ; et après la pensée, la parole. Or donc, plus une âme est semblable à Dieu, plus une pensée est semblable à une âme, et plus une parole est semblable à une pensée, plus tout cela est beau [1]. » Cette admirable formule n'est pas seulement une loi littéraire, c'est aussi la loi fondamentale de toute vie surnaturelle.

1. Joubert, *Pensées*. Titres II, II.

Voulez-vous en savoir l'origine, mes Frères ? Elle est profonde. Pour la découvrir, il faut en quelque sorte frapper à la porte de l'éternité et pénétrer dans l'essence divine.

Dieu le Père, suivant l'expression de saint Grégoire de Nazianze[1], est l'archétype de tous les êtres, leur exemplaire éternel. Le Verbe, dans le ciel, est l'image vive du Père, son miroir et sa splendeur[2]. Également, sur la terre, le Verbe fait chair lui est conforme : « En vérité, en vérité, je vous le dis, tout ce que fait le Père, le Fils le fait semblablement[3]. » A son tour, Notre-Seigneur est le Maître plein de grâce et de vérité[4], le modèle. A nous, chrétiens, de l'imiter.

Oui, nous avons à faire dans l'ordre surnaturel ce que font dans l'ordre purement esthétique les peintres. Entrez au Vatican ou bien au Louvre, vous y verrez des artistes aux prises avec les chefs-d'œuvre. Ils ont la très noble ambition de les reproduire dans leur idéale beauté.

Or, la sainteté, pour chacun des hommes, consiste à reproduire en soi la divine beauté du modèle, à copier aussi fidèlement que possible le Maître des maîtres, Notre-Seigneur Jésus-Christ.

Mais, cette copie demande une double collaboration, celle de Dieu et celle de l'homme. La part de

1. Εἴκων ἀρχετύποιο. Poème théologique.

2. *Sap.*, VII, 26. — Candor est lucis æternæ et speculum sine macula Dei majestatis.

3. *Ioan.*, V, 19. — Quæcumque enim ille fecerit hæc et filius similiter.

4. *Ibid.*, I, 14. — Plenum gratiæ et veritatis.

Dieu, c'est la grâce ; la grâce qui commence, conseille, dirige, corrige, efface, ajoute. La part de l'homme, c'est l'effort personnel, le travail ardent, persévérant ; c'est la foi et le courage, c'est l'amour ; et celui-là est le plus grand artiste, celui-là est le plus grand saint, qui copie le mieux.

Le bienheureux Perboyre ne l'ignorait pas, mes Frères, et il disait excellemment : « Jésus-Christ est la forme des prédestinés. Les saints dans le ciel ne sont que des portraits de Jésus-Christ ressuscité et glorieux, de même que sur la terre ils ont été des portraits de Jésus-Christ humilié, souffrant, agonisant... » Et il ajoutait : « Il faut que nous devenions peintres. Faisons comme un artiste qui brûle de reproduire un tableau de grand prix : ayons les yeux continuellement fixés sur Jésus-Christ. Ne nous contentons pas de saisir un trait ou deux de notre modèle, entrons dans tous ses sentiments, approprions-nous toutes ses vertus. Recommençons et continuons chaque jour sans nous lasser jamais [1]. »

C'est à la lettre ce qu'il a fait lui-même. Toute sa vie, il a regardé Jésus-Christ ; toute sa vie, il l'a étudié intimement et profondément, et Jésus-Christ s'est peint en lui comme sur une toile admirablement préparée, ou plutôt Jésus-Christ est passé en lui, dans son corps, dans son cœur, dans son âme, à un point si extraordinaire que je me demande où l'on trouverait, dans toute l'hagiographie, une reproduction de l'Homme-Dieu aussi fidèle, je dirais, si le

1. Nous avons étudié pour ce panégyrique la *Vie* du Bienheureux, imprimée par D. Dumoulin et Cie, et éditée par Gaume (3e édit.), 1890.

mot n'était réservé, une transsubstantiation aussi complète. Regardez Perboyre, mes Frères, et vous verrez Jésus-Christ. Regardez-le enfant, adolescent, novice, prêtre, missionnaire et martyr, toujours vous verrez en lui notre cher Seigneur. Vous le verrez dans sa vie cachée, dans sa vie publique, sa vie souffrante, sa vie glorieuse, à telles enseignes que je n'ai pas eu à chercher d'autre division de mon discours, et vous en savez dès maintenant tout le dessein.

Avant de le commencer, avant d'entreprendre ce panégyrique du BIENHEUREUX JEAN-GABRIEL PERBOYRE, PRÊTRE DE LA MISSION ET MARTYR, je sens le besoin de me tourner vers la très sainte Vierge ; saluons-la ensemble. Le Bienheureux nous y invite lui-même : « Comment pourrions-nous, disait-il, devenir semblables à Jésus, si ce n'est par Marie ? » *Ave Maria.*

I

Au commencement du siècle[1], à Montgesty, non loin de Cahors, dans le hameau du Puech, naquit l'enfant prédestiné dont nous allons raconter la vie.

Le Puech, mes Frères, est un village inconnu ; mais un jour, il sera célèbre dans la géographie ecclésiastique et dans l'histoire, à l'égal des plus grandes cités ; on dira de lui comme de Bethléem : *Nequaquam minima es in principibus Juda*[2].

Ce n'est pas sans raison que j'ai dit : Bethléem. Non pas que le bienheureux Perboyre soit né sur la

1. En 1802. — 2. *Matth.*, II, 6.

MAISON OU EST NÉ LE BIENHEUREUX JEAN-GABRIEL PERBOYRE
Prêtre de la Congrégation de la Mission, 6 janvier 1802.

paille, comme Notre-Seigneur ; mais, comme lui, il eut pour parents des ouvriers. Son père et sa mère, gens de labour, vivaient du travail de la terre, du produit de leur ferme. De plus, à les voir simples et bons, fidèles, on songe tout naturellement aux bergers de Noël. On y songe d'autant mieux que l'enfant vint au monde le 6 janvier, pour ainsi dire dans le rayonnement de l'étoile miraculeuse. Les mages sont là et les bergers ne sont pas loin. Est-ce que vous ne voyez pas sur ce berceau comme un reflet d'étoile ? La divine étoile de la vocation conduira l'enfant à Jésus, à Marie, à Vincent de Paul, aux régions ténébreuses de l'empire chinois, au calvaire, à la mort. C'est là un premier trait de ressemblance avec Jésus-Christ dans une vie qui, tout entière, n'est qu'une manifestation de Dieu, une épiphanie du Seigneur.

Aux fonts baptismaux, ses parrain et marraine lui donnèrent deux noms prophétiques. Il s'appellera Jean-Gabriel. Jean, le précurseur du Messie. Et toi aussi, enfant d'un jour, tu seras grand. Tu seras le héraut du Christ. *Et tu, puer, propheta Altissimi vocaberis*. Tu marcheras devant sa face, et tu lui prépareras le chemin des âmes et le chemin des peuples, tout comme l'aurore prépare au soleil sa route dans le firmament. *Præibis enim ante faciem Domini parare vias ejus*[1]. Et de même que Jean-Baptiste, sur les rives du Jourdain, montrait aux Juifs l'Agneau de Dieu ; toi, tu le montreras aux païens de la Chine. *Ecce Agnus Dei*[2]. Jean, nom prophétique. Et Ga-

1. *Luc*, I, 76. — 2. *Ioan.*, I, 29.

briel! un nom d'ange, l'ange de l'Incarnation. O saint enfant, vous en aurez la pureté radieuse, la force et la ferveur! Nous pouvons donc bien chanter sur votre berceau le *Gloria in excelsis*. « Gloire à Dieu dans les hauteurs et paix sur la terre aux âmes de bonne volonté[1]! »

L'enfant grandit entre son père et sa mère, comme entre Marie et Joseph grandissait l'enfant Jésus. Que faisait Jésus à Nazareth? Il priait, il obéissait, il travaillait. Et Jean-Gabriel, que faisait-il au Puech? D'abord il apprenait à prier. Sur ce premier banc d'école qui est le genou maternel, il joignait les mains et il bégayait des noms sacrés : Jésus! Marie! Joseph! Les vieillards se souviennent encore de ces premiers balbutiements, et ils revoient, en de lointaines clartés d'aube, ces petites mains croisées dans la prière.

Dès qu'il put marcher, Jean-Gabriel prit le chemin de l'église. Là, aux offices du dimanche, chacun fut bientôt frappé de la gravité de son attitude, de l'immobilité de son recueillement. « Quel est donc cet enfant? » demandaient les étrangers, et ils ajoutaient : « Heureux son père! heureuse sa mère! » Comme plus tard cette femme de l'Évangile dira de Notre-Seigneur : « Bienheureux le sein qui vous a porté! heureuses les mamelles qui vous ont allaité[2]! » On l'appelait déjà le petit saint, le petit saint Jean; plus tard, ses condisciples du séminaire l'appelleront le petit Jésus.

1. *Luc.*, II, 14. — 2. *Luc.*, XI, 27. Beatus venter qui te portavit et ubera quæ suxisti.

Jean-Gabriel avait une manière à lui de regarder le tabernacle, qui frappait tout le monde. Derrière la petite porte de bois ou de bronze, il sentait vivre quelqu'un, quelqu'un qui le voyait, qui le bénissait, qui l'aimait. Cet enfant avait l'intuition du Cœur eucharistique, et déjà son petit cœur, à lui, battait pour l'hostie qu'il devait tant aimer, et sans doute il disait comme Agnès ou Tharcisius, deux enfants de son âge : *Amo Christum*[1]. « J'aime le Christ. » Et il soupirait après l'heure du premier baiser dans la première rencontre. « L'Eucharistie, a dit quelque part saint Ambroise, c'est le baiser du Christ. »

Le curé de la paroisse ne fut pas long à voir clair dans le charmant mystère de cette âme. Jean-Gabriel se distinguait au catéchisme entre tous. Son âme buvait la parole de Dieu, tout de même que son œil limpide, quand, petit berger, il gardait les troupeaux dans les champs, s'abreuvait de la lumière du soleil. Arrivait-il que les autres enfants n'avaient rien compris ou pas grand'chose aux développements de la doctrine, le curé donnait la parole à Jean-Gabriel. L'enfant élevait la voix dans le temple, et il expliquait la loi de Dieu comme, à douze ans, Jésus l'expliquait à Jérusalem[2]. Et le bon prêtre, fier de son disciple, disait : « C'est mon docteur. » Il avança pour Jean-Gabriel l'heure de la première communion.

Un dimanche, le petit docteur, revenu de l'église, redisait, à ceux qui n'avaient pu assister à la grand'-

1. Voir au Bréviaire romain l'office de sainte Agnès.

2. *Luc.*, II, 46. — Invenerunt illum in templo sedentem in medio doctorum, audientem illos et interrogantem.

messe, le prône du curé, avec une facilité si extraordinaire, une onction si touchante et une action si vive, que son père très ému ne se put tenir de lui dire en souriant : « Puisque tu prêches si bien, il faudra te faire prêtre. »

C'était sans doute le secret désir de l'enfant ; mais n'était-il pas obligé de rester auprès de ses parents? Plusieurs fois, dans l'âtre, il avait entendu son père et sa mère qui disaient : « Jean-Gabriel sera le soutien de notre vieillesse... » Ses parents auront besoin de lui pour la garde des troupeaux, comme il faisait depuis l'âge de six ans, et, une fois grandi, ils en auront besoin plus encore pour le froment et pour la vigne... Et l'enfant n'osait prêter l'oreille à la voix mystérieuse qui lui parlait de vocation. A ce mot de son père : « Fais-toi prêtre, » il baisa la tête et pleura.

— Ne pleurez pas, cher enfant. Dieu saura bien disposer toute chose. Dieu vous réserve des brebis qui ne sont point de ce pâturage, et vous en serez le pasteur. Il y a d'autres blés et d'autres raisins que ceux qui mûrissent sur vos collines ; il y a le champ de Dieu, les âmes, *Dei agricultura estis* [1] ; et il y a la vigne du Seigneur. *Ite ad vineam meam* [2]. Le Maître appelle des ouvriers [3]. Préparez-vous à la moisson. Préparez-vous à la vendange.

Il s'y prépare, mes Frères. Le voici au petit séminaire de Montauban.

Il a quinze ans, et pas d'autres études que les pri-

1. *I Cor.*, III, 7. — 2. *Matth.*, xx, 4.

3. *Luc.*, x, 2. — Messis quidem multa; operarii autem pauci...

maires. Il est donc en retard. Mais quel talent et quels succès! En trois années, brillamment, il a parcouru le cercle des humanités. Il ne fait que paraître dans une classe, et d'emblée, presque toujours, il est le premier. C'est à vue d'œil, pour ainsi dire, qu'il croît en science et en sagesse. *Puer autem crescebat et confortabatur plenus sapientia*[1]. A ce point merveilleux que, par la gravité, le jugement, la réserve, le tact et déjà la prudence, il est mûr avant la saison des fruits. Je le comparerais volontiers à cette grappe mieux exposée que plus d'une fois, assurément, il a admirée dans les vignes de son père : elle ne perd pas une goutte de rosée, pas un rayon de soleil; qu'advient-il? C'est qu'elle est savoureuse, succulente, alors que les autres sont vertes encore. C'est le mot de la Bible : *Effloruit tanquam præcox uva*[2]. Jean-Gabriel était élève de philosophie que l'on songeait à lui pour remplacer à l'improviste un de ses professeurs. Encore une fois, quel talent! mais aussi, quel travail!

— « Vous travaillez trop, lui disait-on; vous vous couchez trop tard. » Et lui, qui avait sans cesse devant les yeux le divin modèle, répondait : « Notre-Seigneur a bien plus travaillé pour nous. J'ai le temps de dormir. » — « Votre lit est trop dur, lui disait-on encore; vous êtes mal couché. — Pensez-vous que Jésus-Christ n'était pas plus mal sur la croix? »

La croix! Jean-Gabriel en fut épris dès l'enfance. Dès l'enfance, il avait entendu la parole du Maître : *Qui non accipit crucem suam et sequitur me, non*

1. *Luc.*, II, 40. — 2. *Eccli.*, LI, 10.

est me dignus[1]. « Celui qui ne prend pas sa croix à ma suite, n'est point digne de moi. » — « Je serai missionnaire, » disait-il à quinze ans, au sortir d'un sermon sur la vie apostolique. Et dès lors, l'austère poésie de la croix enivre sa jeune imagination. « Ah! qu'elle est belle, la croix! s'écriait-il dans une de ses compositions de rhétorique. Qu'elle est belle, cette croix plantée au milieu des terres infidèles et souvent arrosée du sang des apôtres de Jésus-Christ! » Ne dirait-on pas, mes Frères, qu'il entrevoyait et devançait par les mystérieux pressentiments de son cœur les jours à venir, les jours sanglants? La croix! Jean-Gabriel la portait constamment dans son âme et dans son corps, et comme saint Paul voulait qu'on la portât, de manière à glorifier le Christ Jésus : *Magnificabitur Christus in corpore meo sive per vitam sive per mortem*[2]. La croix dans une inflexible douceur qui avait triomphé d'un naturel bouillant; la croix dans la patience, parmi les étourderies quelquefois cruelles de ses condisciples; la croix dans une mortification sans relâche; la croix dans l'habituelle sérénité de sa physionomie, dans le sourire angélique de ses lèvres, dans la mansuétude de ses paroles et dans l'affabilité de ses manières; la croix dans la garde vigilante de ses sens; la croix dans l'intégrité virginale de ses mœurs... Est-ce que vous ne voyez pas, jeunes gens, sur le visage de Jean-Gabriel comme une réverbération de la lumineuse et transparente beauté des Louis de Gonzague et des Berchmans? Un de ses maîtres

1. *Matth.*, x, 38. 2. *Philipp.*, i, 20.

lui appliquait la parole qu'Alexandre de Halès avait dite du séraphique Bonaventure : *In quo Adam non peccasse videtur.* « Il ne paraît pas qu'il ait péché en Adam. » C'est bien là, n'est-ce pas, la glorification de la croix au sens où l'entendait saint Paul : *Magnificabitur Christus in corpore meo.*

Si donc, mes Frères, l'on vous demandait où il faut chercher Jean-Gabriel, à partir du hameau du Puech jusqu'aux cabanes chinoises, répondez hardiment ce qu'un disciple de saint Bernard écrivait de Jésus-Christ : « Il est sur la croix; il y prend ses repas; il y prend son repos; il est toujours sur la croix... » *Ibi dormis, ibi pascis, ibi cubas in meridie*[1]. Sur la croix dans l'obéissance à ses parents, à ses maîtres, à la règle : *Et erat subditus illis*[2]; sur la croix dans les contradictions, dans les contrariétés, dans les épreuves; sur la croix dans les tendresses immolées... Écoutez : un jour on lui montrait la route du cher pays natal : « Ah! répondit-il, ce n'est pas le chemin du ciel. » Et à sa mère qui l'était venu voir et qui ne pouvait se résoudre à quitter son enfant : « Ma bonne mère, pour aller au ciel il faut faire des sacrifices. Il faut donc nous accoutumer à nous passer l'un de l'autre. Vous savez bien que Dieu m'appelle à lui. » C'est le langage de Notre-Seigneur à la très sainte Vierge et à saint Joseph : « Ne savez-vous pas qu'il faut que je sois aux affaires de mon Père[3]? » *Nesciebatis quia in his quæ patris mei sunt, oportet me esse?* Voilà comment Jean-Gabriel reproduisait en lui et glorifiait le Christ Jésus.

1. *Medit. in pass. et resur. Domini.* — 2. *Luc.*, I, 51. — 3. *Ibid.*, 49.

Aussi quelle récompense! A dix-huit ans, il s'enchaîne à Notre-Seigneur, de ses propres mains, par quatre liens infrangibles, les vœux de pauvreté, de chasteté, d'obéissance et de dévouement aux pauvres. L'holocauste est complet. Plus rien d'humain. Il a tout jeté au feu de l'amour : il est fils de Vincent de Paul...

Maintenant, il attend l'heure de la première messe... Plus que jamais, il s'abandonne aux triomphantes opérations de la grâce... Il n'a qu'une pensée, qu'un désir, qu'une passion : ressembler au divin Prêtre... Aussi bien, lorsque l'heure a sonné de monter à l'autel, regardez-le! *Sacerdos alter Christus.* Entendez-le ! « Voilà, ô mon divin Sauveur! que, malgré mon indignité, je vais vous donner un être que vous n'avez pas, l'être sacramentel. Eh bien! je vous prie et je vous conjure d'opérer en moi la même merveille que je vais opérer sur ce pain, en vertu des pouvoirs que vous m'avez confiés. Lorsque je dirai : « Ceci est mon corps, » dites aussi de votre indigne serviteur : « Ceci est mon corps. » Faites, par votre toute-puissance et votre infinie miséricorde, que je sois changé et tout transformé en vous. Que mes mains soient les mains de Jésus; que mes yeux soient les yeux de Jésus; que ma langue soit la langue de Jésus....; mais surtout transformez mon âme et toutes ses puissances : que ma mémoire, que mon intelligence, que mon cœur, soient la mémoire, l'intelligence et le cœur de Jésus... Comme votre Père disait de vous : «Je vous ai engendré aujourd'hui,» puissiez-vous le dire de moi et ajouter aussi avec votre Père cé-

leste : « Voici mon fils bien-aimé, l'objet de mes com« plaisances. »

Et cette prière sublime, mes Frères, Jésus-Christ l'exauçait prodigieusement. Un prêtre de la Mission, qui servait la messe de M. Perboyre, l'a vu, au moment de la consécration, élevé de terre, ravi en extase, transfiguré. L'autel fut son Thabor.

II

Un mot du saint Évangile résume la vie publique du Sauveur : *Cœpit facere et docere*[1]. L'exemple précède en Notre-Seigneur la prédication. Il en va de même du bienheureux Perboyre.

N'étant encore que sous-diacre, il fit un premier essai de la vie publique au collège de Montdidier, où il passa deux années. Chargé d'abord d'une classe inférieure, puis de la philosophie, il s'acquitta de l'une et de l'autre avec un égal succès. Ange gardien des petits, il institua pour eux la congrégation des Saints-Anges. Avec les grands et à l'exemple de saint Vincent de Paul, il visita les prisonniers, secourut les pauvres et les consola.

Ordonné prêtre en 1825, on le montre plutôt qu'on ne le donne au grand séminaire de Saint-Flour. Cependant, il y reste assez pour qu'on ait pu dire de lui : « C'est un saint. »

Au commencement de l'année scolaire, nous le trouvons dans la même ville, à la tête d'un pensionnat qui deviendra le petit séminaire. Tout est à créer

1. *Act.*, I, 1.

dans cette maison, ou plutôt, ce qui est autrement difficile, tout est à refaire. Mais ce Supérieur de vingt-cinq ans va faire preuve d'une maîtrise consommée. Par sa droiture et sa douceur, il désarme l'opposition. Par sa vigilance et sa vigueur, il rétablit la discipline. La gravité de ses manières fait oublier sa jeunesse, et l'on peut dire de lui qu'il est blanchi avant les cheveux blancs. M. Perboyre s'est révélé homme de gouvernement.

Il est aussi et plus encore un homme de prière. « On ne fait de bien réel dans les âmes, disait-il, que par la prière. » Père des âmes, il a toutes les angoisses de la paternité spirituelle. Les enfants qui lui sont confiés, il les aime comme Notre-Seigneur aimait les enfants de la Judée. « Oh! Messieurs, disait-il, que l'enfance est digne de notre respect! » Pour former en eux le Christ Jésus, que n'a-t-il pas souffert! En vérité, il pouvait leur dire avec l'apôtre saint Paul : *Filioli mei, quos iterum parturio, donec formetur Christus in vobis*[1]. Il les enfantait littéralement dans les larmes et dans la prière. Rencontrait-il parmi ses élèves des natures plus âpres, têtes rebelles ou cœurs durs, savez-vous ce qu'il faisait pour avoir raison de l'indiscipline, du mauvais esprit ou de la paresse? Il prenait le coupable, il l'emmenait à sa chambre; là il se mettait à genoux, et faisait en son nom, tout haut, une amende honorable; quelquefois, il ajoutait avec un accent inoubliable : « Que de tristes moments, mon ami, vous me faites passer aux pieds du crucifix! » Il y passait de longues heures en effet, et

1. *Galat.*, IV, 19.

des nuits : *Pernoctans in oratione*[1]; il y pleurait je ne sais quoi qu'il appelait ses péchés, et les péchés des autres ; il y priait pour ses propres besoins, pour ceux des maîtres, pour ceux des enfants. Là il oubliait tout, il s'y oubliait lui-même. Souvent, quand le domestique frappait à la porte, il n'entendait pas, tout absorbé qu'il était dans l'oraison. Ennuyé d'attendre, si le domestique entrait, il trouvait M. Perboyre, les yeux baignés de larmes, quelquefois même sanglotant. Étonnez-vous qu'un tel homme ait bientôt relevé le collège de ses ruines matérielles et de ses ruines morales. Étonnez-vous qu'après cinq années, lorsqu'on eut appris son changement, les élèves le pleuraient comme un père. Si les parents disaient tout haut : « Quel malheur pour cette maison ! quel malheur ! » lui, répétait la parole de son Maître : « Ma nourriture, à moi, c'est de faire la volonté de mon Père qui m'a envoyé. » *Meus cibus est ut faciam voluntatem ejus qui misit me*[2]. Et il se rend à Paris où l'ont appelé ses supérieurs.

Le voilà sous-directeur du séminaire interne de la Congrégation, ou plutôt maître des novices; car le directeur, vieillard infirme, se décharge à peu près complètement sur son jeune et cher confrère.

Préparer des religieux, faire des prêtres ! Y a-t-il dans l'Église un labeur plus délicat, de plus augustes fonctions et de plus redoutables ? Du premier jour, M. Perboyre se trouva à la hauteur de cette tâche sublime. Les yeux fixés sur son modèle, le divin Prêtre, il fait merveille. Le voyez-vous, ce jeune

1. *Luc.*, vi, 12. — 2. *Joan.*, iv, 34.

maître des novices, humble et doux, souriant et grave, profondément recueilli, volontiers silencieux, et patient, accueillant, encourageant, consolateur! Quelle lumière dans son zèle! quelle délicatesse dans sa charité! Et dans son enseignement, quelle sûreté et quelle saveur! La science théologique, la science de Dieu, est chez lui limpide et profonde. C'est aux sources qu'il l'a puisée, aux sources éternellement jaillissantes des Écritures, et dans ces canaux très purs qui sont les ouvrages des Pères et des Docteurs. Savez-vous quel est son livre de chevet? La *Somme* de saint Thomas. A chaque page, comme dans une glace unie, il y voit rayonner le Verbe, celui que Fénelon appelle la Raison-Dieu. En saint Paul il entend battre le Cœur de Jésus-Christ. *Cor Pauli, cor Christi*[1]. Et quand il parle lui-même, les auditeurs se disent les uns aux autres, comme les disciples d'Emmaüs : « Est-ce que notre cœur ne brûlait pas dans nos poitrines, tandis qu'il nous déroulait les Écritures? » *Nonne cor nostrum ardens erat in nobis dùm aperiret nobis scripturas*[2]? » C'est ainsi qu'à l'exemple de Notre-Seigneur façonnant les Douze, M. Perboyre préparait des hommes apostoliques; c'est ainsi qu'un saint formait des saints.

Pendant ce temps-là, ses élèves partaient, plusieurs pour les missions lointaines; et lui restait toujours. Il savait cependant, à n'en pas douter, que Dieu l'appelait à l'apostolat. « J'avais, disait-il, cette vocation avant d'être missionnaire; je ne suis entré à Saint-

1. C'est un mot de saint Jean Chrysostome.

2. *Luc.*, XXIV, 32.

Lazare que pour cela. » Au seul nom de la Chine son cœur battait. La pensée de la Chine le hantait, l'obsédait... Et il se voyait successivement professeur de grammaire, de philosophie, supérieur de collège, maître des novices ! Ses meilleures années, les plus chaudes et les plus vives, il les passait en des fonctions qui paraissaient si manifestement contraires à l'appel divin. « Hélas ! disait-il en propres termes, j'ai déjà plus de trente ans qui se sont écoulés comme un songe, et je n'ai pas encore appris à vivre; quand donc aurai-je appris à mourir ! » Et il s'abattait pour ainsi dire au pied de son crucifix, et il pleurait en pensant que ses péchés devaient être le grand obstacle à la réalisation de ses désirs, et que peut-être, par sa faute, il avait perdu sa vocation... Du moins, mes Frères, apprenait-il à mourir à lui-même de plus en plus. Il pouvait bien dire avec Notre-Seigneur : « Et moi aussi, je dois être baptisé d'un baptême de sang; si vous saviez ce que je souffre en attendant ! » *Baptismo habeo baptisari, et quomodo coactor usquedum perficiatur*[1]. Et avec saint Paul : « Je meurs chaque jour. » *Quotidie morior*[2]. C'était le calvaire avant le temps. Mais, son heure n'était pas encore venue. *Nondum venit hora mea*[3].

Un jour enfin de l'année 1835, n'y tenant plus, il se jette aux pieds de son supérieur général : « Ayez pitié de moi ; laissez-moi partir ! » L'obstacle insurmontable, toujours le même, avait été jusqu'alors sa frêle santé. Encore une fois on réunit le Conseil, et cette fois encore le Conseil se prononça pour la

1. *Luc.*, XII, 50. — 2. *I Cor.*, XV, 31. — 3. *Ioan.*, II, 4.

négative. Cependant, en considération d'une voix influente entre toutes les autres, il fut décidé qu'on s'en remettrait à l'avis du médecin. Celui-ci déclare dès l'abord que c'est aller au-devant de la mort, d'une mort certaine et prochaine. Tout semblait donc à jamais fini. On était à la veille de la Purification. M. Perboyre a résolu de faire au ciel une dernière violence. Il appelle à son secours la Vierge bénie, l'avocate des causes désespérées... Le soir même et toute la nuit, le médecin fut en proie à un trouble inexplicable. Dès le point du jour il se lève, il court à Saint-Lazare : « Je me suis trompé, dit-il ; j'ai bien réfléchi ; le voyage ne peut être que favorable à la santé de M. Perboyre. » Et il lui donne son passeport pour la Chine.

Sans retard, l'heureux missionnaire fait ses adieux à ses confrères en larmes. Il se rend au Havre-de-Grâce. Là, un vaisseau marchand était prêt à faire voile pour l'Orient. Il s'embarque, l'esprit tout rempli, comme il l'écrivait lui-même, du souvenir de son frère Louis : plus jeune que lui et déjà mûr pour le ciel, il était parti de ce même port pour les mêmes rivages, et était mort en route. Sur le navire, M. Perboyre dit la messe. Dans ce vaste désert de l'Océan, il est heureux de se sentir en la compagnie de Notre-Seigneur. Au milieu d'une effroyable tempête, il reste aussi calme que le Maître dans l'ouragan de Génésareth ; et, de même que les foules disaient souvent de Jésus : « C'est un prophète ! » les matelots disent de M. Perboyre : « Pour celui-là, c'est un vrai saint. »

A peine a-t-il abordé aux plages orientales de la Chine[1] qu'il pousse un cri de joie : « Enfin, m'y voilà ! m'y voilà ! » C'est le *Nunc clarificatus est*[2] du Sauveur. Il y avait quatorze ans qu'il attendait, et, depuis plus de six ans, chaque matin, au moment de la consécration, il demandait à Jésus immolé la grâce de mourir martyr.

N'attendez pas, mes Frères, que je vous raconte par le menu la vie apostolique du cher Bienheureux ; ce discours serait infini. Laissez-moi seulement vous en redire l'abrégé, tel que je le trouve dans le Bref de béatification : « Se pliant sans hésitation à un genre de vie tout nouveau pour lui, M. Perboyre n'a d'autre soin, d'autre préoccupation que de remplir avec zèle, et sans en omettre aucune, toutes les fonctions de son ministère. L'étendue de sa mission, l'inclémence du ciel, les périls qui menacent sa vie, ne sauraient le détourner de parcourir les chrétientés confiées à sa garde, d'affermir les néophytes dans la foi et de porter le flambeau de la vérité à ceux qui sont assis dans les ténèbres et dans les ombres de la mort. Le jour, la nuit, il est prêt à courir partout où son devoir l'appelle ; et il ne compte pour rien les fatigues, les veilles et le reste, du moment qu'il s'agit du salut éternel des âmes. Bien plus, comme si tous les labeurs, toutes les souffrances inséparables de sa situation, étaient trop peu de chose, il s'infligeait encore des tourments volontaires. Il n'habite que les huttes misérables des pauvres, il se nourrit d'herbes cuites à

1. A Macao.

2. *Ioan.*, XIII, 31.

LE BIENHEUREUX JEAN-GABRIEL PERBOYRE

Missionnaire en Chine, 1835.

l'eau, il prend son repos sur des sarments, il se flagelle sans pitié et porte des ceintures hérissées de pointes de fer... » Écoutez un épisode où l'apôtre se peint tout entier. Un soir, il avait à gravir une montagne, la dernière, pour rejoindre ses chers néophytes ; mais il était à bout de forces ; il n'avait rien mangé de toute la journée. Il faut qu'il arrive pourtant ; il le veut. Il prend en main un petit crucifix auquel étaient attachées les indulgences du chemin de la croix. C'était bien le moment, n'est-ce pas, mes Frères, de les gagner. Et il se met en marche, ou plutôt il se traîne, comme il peut, s'appuyant sur toutes les pierres qu'il rencontre, puis, après un instant, il reprend courage et il se remet à monter, à grimper, en s'aidant quelquefois des mains. « J'aurais grimpé avec les dents, disait-il, pour suivre la voie que la Providence m'avait tracée. » O vaillant apôtre! cette rude ascension n'est qu'un apprentissage. Levez les yeux. Est-ce que vous ne voyez pas dans le ciel empourpré une autre cime plus haute encore et plus âpre?

Celle-là, c'est la terrible montagne dont il vous reste à doubler le sommet. Vous l'arroserez de votre sang; mais courage! Au revers de ce nouveau Golgotha, ce n'est pas seulement le repos d'un jour dans une cabane de bambous qui vous attend; mais le paradis éternel et le repos et la gloire!

III

Oui, mes Frères, le repos et la gloire; mais auparavant, il a fallu que Perboyre, comme le Christ Jésus, souffrît[1] : le disciple n'est pas plus que le Maître[2]. Le Maître a eu sa Passion; le disciple aura la sienne, et, trait pour trait, elle rappellera celle du Sauveur. La différence, c'est que le martyre du Fils de Dieu n'a duré que du jeudi soir à l'après-midi du lendemain, et que le martyre du fils de Vincent de Paul s'est prolongé une année tout entière.

L'agonie d'abord. Pendant plusieurs mois, le Bienheureux s'est cru maudit. Plus de lumière dans son âme. Les ténèbres d'une nuit orageuse, une nuit coupée d'éclairs à la lueur desquels il voyait, comme Jésus à Gethsémani, la face irritée du juste Juge. Pas une voix rassurante ne se faisait entendre. Le crucifix qui tant de fois l'avait fortifié et consolé, son crucifix était muet. Les plaies elles-mêmes du Sauveur, les plaies d'amour, ne s'entr'ouvraient que pour lui redire les paroles de la damnation éternelle... Quoi de plus, mes Frères? La sainte messe le torture. Dans chaque hostie il croit manger son propre jugement et boire dans chaque calice sa condamnation. Son âme est triste à mourir[3], et son corps se dessèche comme une plante brûlée du soleil. Ange de Gethsémani, ne viendrez-vous pas au secours du pauvre agonisant? Le voici, mes Frères. Notre-Seigneur en personne sera l'ange du réconfort et de la consolation[4]. Il apparaît à son serviteur, tel qu'il était

1. *Luc.*, XXIV, 26. — Nonne hæc oportuit pati Christum, et ita intrare in gloriam suam.

2. *Matth.*, X, 24. — Non est discipulus super magistrum.

3. *Matth.*, XXVI, 38. — Tristis est anima mea usque ad mortem.

4. *Luc.*, XXII, 43. — Apparuit illi angelus de cœlo confortans eum.

sur la croix. « Que crains-tu donc ? lui dit-il ; ne suis-je pas mort pour toi ? Mets ta main dans la plaie de mon côté et cesse de trembler pour ton salut. » Au contact du Sacré Cœur, Perboyre retrouve ses forces ; la lumière rentre en son âme, et, dans un élan magnanime, il se lève. Debout, témoin du Christ ! Prouvez au monde que vous aimez votre Père qui est dans les cieux, et que vous savez lui obéir. *Ut cognoscat mundus quia diligo patrem, et sicut mandatum dedit mihi pater, sic facio*[1]. Allons, debout ! *Surgite, eamus.* Car il approche, celui qui doit vous trahir. *Ecce appropinquavit qui me tradet*[2].

La persécution a éclaté tout d'un coup. On s'est souvenu dans l'empire qu'une loi formelle condamne à mort tout étranger qui prêchera la religion du Christ. Deux commissaires du vice-roi de la province, plusieurs mandarins, de nombreux soldats, sont aux portes de la Mission. Tout le monde s'est enfui. M. Perboyre dut se résigner à fuir à son tour. Il recueille en toute hâte les vases sacrés et il se cache dans la forêt voisine. L'un de ses néophytes va jouer le rôle de Judas. « Si je vous le livre, combien me donnerez-vous ? » Et pour prix de sa trahison, le malheureux reçoit trente taëls, trente pièces d'argent : *At illi constituerunt ei triginta argenteos*[3]. Voici le prêtre aux mains de ses ennemis. Son brave serviteur s'apprête à le défendre, comme autrefois saint Pierre ; mais M. Perboyre, à l'exemple de Jésus, s'oppose à toute résistance : *Mitte gladium tuum in vaginam*[4].

1. *Ioan.*, XIV, 31. — 2. *Matth.*, XXVI, 46. — 3. *Matth.*, XXVI, 15. — 4. *Ioan.*, XVIII, 11.

LE BIENHEUREUX JEAN-GABRIEL PERBOYRE
Commandant le respect et l'admiration aux criminels qui l'entourent.

Et il se laisse déchirer les épaules à coups de sabre, garrotter, dépouiller de ses vêtements, insulter de mille abominables manières. Faut-il, mes Frères, entrer dans quelques détails? Aurai-je le courage de vous les dire, et vous, aurez-vous bien le courage de les entendre ?

La troupe des satellites traîne le prisonnier, à moitié nu, sur la place publique d'une ville toute remplie de marchands. Entendez-vous les vociférations de la multitude ?

Après un premier interrogatoire sur son pays et sur sa religion, on remet l'Européen à la garde d'un païen que sa cruauté a fait surnommer « le Tigre ». Vous devinez le reste.

Le lendemain, il faut se rendre à une ville assez éloignée et faire la route à pied. Mais, brisé par les coups de la veille, mourant de faim, le pauvre prêtre ne peut que se traîner sur ses blessures. Émū de compassion, un païen lui prête sa litière et l'accompagne. O bon Cyrénéen, un jour vous recevrez votre récompense.

En présence du mandarin militaire, Perboyre confesse de nouveau sa foi et son pays; puis, à de certaines questions insidieuses, il garde le silence. *Jesus autem tacebat*[1]. Cette attitude exaspère le bourreau. « Qu'on le frappe de cent coups de bâton ! dit-il. Maintenant, marche sur le crucifix. — Jamais. — Abjure ta religion, ou c'est la mort. — Fort bien ! répond le confesseur rayonnant; je serai heureux de

1. *Matth.*, XXVI, 63.

mourir pour Jésus-Christ. » Quarante coups de lanière ensanglantent son visage.

Au tribunal du fisc, sans autre forme de procès, on le soufflette avec une épaisse férule de cuir ; le sang coule, puis, par les deux pouces fortement liés ensemble, on le suspend à une poutre. Il reste-là quatre heures.

Un mois s'écoule, mes Frères, dans ces apparences de procédure et dans ces tortures. Ce n'était qu'un prélude. Il est temps d'envoyer le coupable à la métropole de la province.

Il part avec une dizaine de chrétiens, arrêtés comme lui et traduits, eux aussi, devant les tribunaux. Ils sont chargés de chaînes et ils portent une tige de fer qui tient leurs membres raidis. En cet état, ils font cinquante lieues à pied. Quel chemin de croix !

A peine arrivé, on jette Perboyre dans la prison des grands scélérats. Les geôliers inventent pour lui des raffinements de barbarie. On lui serre un jour les bras et les coudes si fort que le sang jaillit par les doigts. Tous les soirs, dans la crainte, disent-ils, d'une évasion, on lui met le pied dans un étau fixé à la muraille. A la longue, une portion du pied tomba en pourriture, et l'un des orteils se dessécha.

Ajoutez qu'il fallait croupir nuit et jour dans un air fétide et parmi des immondices qui s'accumulaient.

Et puis, quelle société ! des misérables dont la bouche ne s'ouvrait que pour vomir des obscénités, des imprécations et des blasphèmes.

L'innocente victime passa neuf mois dans cet enfer.

Hélas ! une douleur plus cruelle encore était réservée au cœur du patient. Notre-Seigneur fut témoin du reniement de saint Pierre et de l'abandon de ses apôtres; l'héroïque confesseur de la foi vit de ses yeux cinq de ses chrétiens, épouvantés ou séduits, apostasier.

Pour le faire abjurer lui-même, ces démons imaginent de nouveaux supplices. On le plaçait, les genoux nus, sur des débris de fer et de poterie, les mains en haut et chargées d'une lourde pièce de bois qu'il fallait soutenir depuis neuf heures du matin jusqu'à la tombée du soir. Les bras venaient-ils à fléchir, les bourreaux frappaient à coups redoublés. D'autres fois on lui crachait au visage ; on lui arrachait les cheveux ; ou bien encore, on le forçait à s'asseoir sur un siège élevé où il était immobilisé par des cordes, et, à ses pieds suspendus dans le vide, on attachait des pierres énormes.

Rentré à la prison, brisé, broyé, meurtri, les chairs en lambeaux, il essayait encore, le doux enchaîné du Christ, *vinctus Christi* [1], de se mettre à genoux, et il disait à ses bourreaux merci, et il demandait à Dieu un triomphant courage. Priez, ô saint martyr, priez! il vous reste encore un long chemin de croix à faire : jusqu'à présent vous n'avez comparu que devant les mandarins ordinaires, et voici le tribunal suprême.

Une manière de bête féroce avec un visage d'homme, c'est le vice-roi. Ce monstre a juré d'extirper de la province le chancre de la religion chrétienne. Sitôt

1. *Ephes.*, III, 1.

que l'Européen eut déclaré qu'il était prêtre de Jésus-Christ, le vice-roi le fit pendre par les cheveux. Ce supplice dura plusieurs heures. « Apportez des pointes de fer rougies au feu. » Et il grave, lentement, profondément, dans la chair grésillante du front, ces mots : *Propagateur d'une secte abominable*. « Attachez-le maintenant à cette machine; élevez-le en l'air à l'aide des poulies. C'est bien. Laissez-le retomber de tout son poids. Disloquez les membres et brisez les os. C'est très bien. » *Attritus propter scelera nostra*[1].

C'est très bien; mais ce n'est pas assez. Il faut varier les épreuves et montrer à la foule que le vice-roi est un maître consommé dans l'art du bourreau. « Agenouillez cet homme, les genoux nus, sur des chaînes de fer; suspendez-le par les cheveux à ce poteau; tendez ses bras au moyen d'une corde raide, violemment. » C'est fait. Savez-vous, mes Frères, ce que maintenant ils vont inventer, les misérables, pour compléter le supplice? Tandis que le sublime patient est ainsi pendu en l'air et agenouillé, ils placent sur ses jarrets un soliveau aux extrémités duquel deux hommes se hissent et se balancent.

Cependant le doux martyr ne profère pas une plainte, et son visage tranquille a des rayonnements qui viennent, à n'en pas douter, de la joie céleste dont son grand cœur est enivré.

Une fois seulement, l'héroïque patient fut vaincu par la douleur. « Si tu veux fouler aux pieds le Dieu

1. *Is.*, LIII, 5.

que tu adores, je te rends la liberté, » lui dit le vice-roi, et il jette un crucifix par terre. Perboyre se baisse péniblement, saisit la sainte image, la presse contre son cœur, la colle à ses lèvres, l'inonde de ses baisers et de ses larmes, tendrement, affectueusement. A cette vue, l'un des satellites s'élance sur le prêtre, lui arrache la croix, et guidé par une inspiration satanique, il la souille de ses propres ordures et la déshonore. L'horrible profanation brise le cœur du chaste missionnaire, et il pousse un cri déchirant, un de ces cris profonds qui révèlent l'immense désolation d'une âme; on crut qu'il allait mourir.

Non, pas encore; la ressemblance du disciple au Maître n'est point complète. L'Homme-Dieu avait été revêtu de la robe des fous. Par dérision, on revêt Perboyre de ses habits sacerdotaux; et les gens du prétoire et les satellites s'écrient : « C'est le Dieu vivant! » comme ils disaient chez Pilate ou chez Hérode : *Ave, rex Judæorum*[1]. « Salut, ô roi des Juifs! »

Savez-vous, mes Frères, que notre saint martyr a reçu sans compter une flagellation en règle : plus de quatre cents coups de bâton, dirigés par la haine et assénés par des bras vigoureux. Les lambeaux de son pauvre corps volaient en éclats ou çà et là pendaient. « Cet homme est impassible, conclut le vice-roi; il doit porter sur lui quelque talisman. » Et, pour s'en assurer, il le fait déshabiller et il le soumet aux investigations les plus humiliantes et les plus odieuses... Insensé! le charme qu'il cherche, il ne le trouvera pas... Mais vous, mes sœurs, vous, les Filles

1. xxvii, 29.

de la Charité, vous le connaissez. Lorsque, avec vos armes — un cœur entouré de flammes, — Vincent de Paul vous donna ce cri de guerre : « La charité de Jésus crucifié nous presse, » il vous révélait ce talisman que cherche le païen : la force, l'intrépidité de l'amour. Le Cœur de Jésus dans un cœur d'homme, voilà le charme qui opère et qui rend intrépide et invincible votre glorieux frère. Il faut d'ailleurs qu'il vive encore pour atteindre la taille du Christ Jésus et compléter la ressemblance.

A bout d'inventions et fatigués sans doute de quatre mois de tortures, les bourreaux ont hâte d'en finir. Le vice-roi a condamné le prêtre européen à la strangulation ; mais il faut à cette sentence la sanction impériale. Le prisonnier l'attendra huit mois.

Pendant ce temps-là, le bon Samaritain, Notre-Seigneur Jésus-Christ, le Maître de la vie et de la mort, rend au corps déchiré, défiguré, rompu, à demi mort de son fidèle serviteur, la santé, la netteté, la beauté, la vie, si bien que Jean-Gabriel Perboyre aurait pu dire avec le prophète : *Refloruit caro mea*[1]. C'était en effet comme une floraison nouvelle.

Le 11 septembre 1840, arrive le courrier impérial. Aussitôt Perboyre est appréhendé dans sa prison. On le conduit au lieu du supplice, en compagnie de sept voleurs *Et cum sceleratis reputatus est*[2]. Il s'avance, suivant la coutume chinoise, pieds nus, au pas de course, au son des cymbales. Ses mains, liées derrière le dos, tiennent une perche au bout de

1. *Ps.*, XXVII, 7. — 2. *Is.*, LIII, 12.

laquelle est attachée la sentence de mort : *Et imposuerunt super caput ejus causam ipsius scriptam*[1].

Tandis que l'on exécute les autres condamnés, Perboyre se met à genoux un peu à l'écart, et il prie. Plus d'un païen, touché de sa douceur et de son courage, était ému. Un chrétien qui se trouvait là, pleurait. Il prie, tourné vers l'Occident, vers son pays, la France. Oh! la dernière prière d'un martyr!... Il prie à coup sûr pour ses bourreaux : « Mon Père, pardonnez-leur, ils ne savent ce qu'ils font[2]. » Il prie pour les âmes qu'il a évangélisées, baptisées, pour ses chers néophytes, pour le traître et les renégats, pour tous ces païens de la Chine qu'il a tant aimés et par lesquels il meurt. Il prie pour vous, Messieurs, vous ses frères en saint Vincent de Paul, vous, pieux missionnaires, dont Léon XIII disait naguère : « Ils se sont acquis dans la société chrétienne, par leurs œuvres admirables, une gloire éclatante[3]. » Il prie pour ses parents, pour sa vieille mère, qui m'apparaît là-bas, sur les collines de son Quercy, debout au pied de la croix, comme la mère du Sauveur sur la montagne des Oliviers. O femme forte! ô mère vraiment admirable! L'entendez-vous, mes Frères? « Pourquoi hésiterais-je à faire le sacrifice de mon fils? La sainte Vierge n'a-t-elle pas généreusement sacrifié le sien pour mon salut? » Et elle l'immole, elle aussi, pour le rachat des infidèles... Il prie, et sa prière se fond

1. *Matth.*, XXVII, 37.

2. *Luc.*, XXIII, 34.— Pater, dimitte illis : nesciunt enim quid faciunt.

3. *Bref de béatification.*— Eximiam præclarorum operum laudem Vincentiani sodales a sacris expeditionibus sibi in christiana republica compararunt.

MARTYRE DU BIENHEUREUX JEAN-GABRIEL PERBOYRE
11 septembre 1840.

dans l'action de grâces. Oh! que Dieu est bon! Il y a si longtemps qu'il désirait et demandait le martyre! Oh! oui, Dieu est bon! Et quelle exquise délicatesse dans sa bonté! Voici que le gibet est en forme de croix, comme pour Jésus-Christ lui-même! Et l'action de grâces devient un cantique de joie : *Proposito sibi gaudio sustinuit crucem*[1]. Salut, ô croix bien-aimée! On l'attache au gibet en repliant ses pieds par derrière. Le voilà presque à genoux, comme il convient au serviteur. Il ne lui reste plus qu'à savourer la mort : *Ut gustaret mortem*[2]. Les voleurs, suppliciés les premiers, ont eu la tête tranchée d'un coup. Lui sera étranglé. Par un dernier raffinement, le bourreau, après une vigoureuse torsion, lâche la corde, comme pour donner au martyr le temps de bien goûter la mort : *Ut gustaret mortem;* puis il la serre de nouveau, et il la relâche une seconde fois : *Ut gustaret mortem;* ce ne fut qu'à la troisième pression que l'œuvre fut consommée. *Consummatum est*[3]. Néanmoins, le patient paraissait vivre encore. Un infâme coup de pied, à défaut du coup de lance, acheva la victime. C'était un vendredi, presque à l'heure même où Jésus-Christ, prêtre et victime, s'offrait en holocauste à Dieu son Père, pour le rachat du monde.

Et maintenant?... Ah! maintenant, c'est le triomphe! Le triomphe de la croix d'abord. Tandis que le bienheureux mort reste suspendu, comme un fruit vermeil, aux branches de l'arbre béni, une croix lumineuse brille tout à coup dans le ciel. Non seulement

1. *Hebr.*, XII, 2. — 2. *Ibid.*, II, 9. — 3. *Ioan.*, XIX, 30.

plusieurs chrétiens furent témoins du prodige, mais des païens en grand nombre, et quelques-uns disaient : « Voilà le signe qu'adorent les chrétiens; je renonce aux idoles; je veux servir le Maître du ciel. »

Après sa mort, Jésus apparut à ses disciples. Le bienheureux Perboyre apparaît à cet homme compatissant qui lui avait prêté sa litière. Il était malade : il le guérit; il était païen : il lui obtint la grâce du saint baptême.

Auprès, au loin, partout, à Constantinople et à Paris, les miracles de guérison vont aller se multipliant.

Les persécuteurs de Jésus périssent misérablement. Le mandarin qui avait arrêté Perboyre fut destitué et il se pendit de désespoir. Le vice-roi qui l'avait condamné à mort fut lui-même, comme autrefois Pilate, condamné par son empereur à l'exil.

Le sépulcre du Maître fut glorieux ; les restes du disciple deviennent des reliques : placés sur les autels, on les environne de vénération, de prières, de lumières et d'encens.

Enfin, Jésus-Christ, vainqueur du tombeau, monta triomphant dans les cieux. Qu'est-ce donc que la béatification du martyr, et ces apothéoses que lui font la France et le monde catholique? qu'est-ce donc si ce n'est une sorte d'ascension dans la gloire ?

Quelle leçon, mes Frères, emporterez-vous de ce panégyrique ? Quels fruits de salut retirerez-vous de si prodigieux exemples ?

Il me semble que votre foi doit être singulièrement affermie. Vous voyez bien que l'Église catholique est toujours semblable à elle-même, toujours jeune, toujours féconde. Au milieu des glaces stérilisantes de l'incrédulité moderne, de l'infidélité contemporaine, elle en est toujours au printemps. Des bourgeons éclatent, dirait saint Augustin : ce sont les fleurs des martyrs : *Flores martyrum, velut primas erumpentes Ecclesiæ gemmas*[1].

Non, mes Frères, les témoins qui se font égorger pour Jésus-Christ et sa religion ne manquent pas plus au dix-neuvième siècle qu'aux premiers âges de l'Église.

Aujourd'hui le lazariste Jean-Gabriel Perboyre et le mariste Pierre Chanel. D'autres demain, qui sont là-bas dans les mers océaniennes, parmi les cannibales, et que vous avez connus. D'autres encore qui sont ici et que vous voyez, jeunes prêtres qui tressaillent à la pensée des îles lointaines et du martyre... Attachez-vous donc, mes Frères, de plus en plus, à votre foi si manifestement divine, et ne rougissez jamais d'être chrétiens.

Et vous, enfants bien-aimés de la petite Œuvre du Sacré-Cœur, demandez à Notre-Seigneur Jésus-Christ, pour l'heure présente, quelque chose de l'innocence admirable du bienheureux Perboyre, en attendant la participation à ses travaux apostoliques, et, s'il plaît à Dieu, à sa croix. Priez comme lui, travaillez, obéissez, aimez comme lui... Comme lui, devenez de plus en plus semblables à Jésus-Christ.

1. Serm. 10, *de Sanctis.*

Fils et filles de saint Vincent de Paul, que le monde vous aime ou qu'il vous maudisse, qu'il vous accueille ou qu'il vous proscrive, donnez-vous, dévouez-vous, vivez, souffrez et mourez dans la charité du Sacré Cœur, et, de plus en plus, soyez semblables à Jésus-Christ.

Nous tous enfin, mes bien chers Frères, à défaut du martyre dont sans doute nous ne sommes point dignes, acceptons les épreuves de tous les jours; mortifions notre chair avec ses concupiscences; immolons-nous à nos devoirs d'état; sortons de nous-mêmes; portons courageusement notre croix, suivons Jésus-Christ... et pour nous, comme pour le bienheureux Perboyre, après le calvaire ce sera le ciel.

Ainsi soit-il.

Élu couronné par son ange.

Fresque de Luca Signorelli, à Orvieto. xve siècle.

PARIS

IMPRIMERIE D. DUMOULIN ET Cie

5, RUE DES GRANDS-AUGUSTINS, 5

www.ingramcontent.com/pod-product-compliance
Ingram Content Group UK Ltd.
Pitfield, Milton Keynes, MK11 3LW, UK
UKHW021037180726
13838UKWH00004B/1852